COMMUNION IN SOLITUDE

COMMUNION

Mexico from the corner

Michael Bradley

Scrimshaw Press
1975

IN SOLITUDE

of an eye

This book is dedicated to
José Arredondo, Amando Trujillo,
and Jésus Vasquez Rodriguez.

I wish to express my gratitude to Bob Black
and Thelma Ortiz de Montellano for their
insight and help in the translation of
poetry and prose.

m. b.

Bradley, Michael, 1944-
Communion In Solitude

1.   Mexico — Description and Travel — 1951-
— Views.   2.   Mexico — Poetry.   3.   Poetry of places —
Mexico.   I.   Title.
F1216.B65   972.08'2'0222   75-8976
ISBN   0-912020-41-5

Scrimshaw Press
149 Ninth Street
San Francisco, CA 94103

Introducción

Durante el verano de 1969 yo me filtraba por el calor de medianoche de Nogales en la vasta cuenca del desierto Sonora. En julio México es eléctrico, alucinatorio, vibrante, desolado. Era difícil mantener el camino en su perspectiva. No había frontera, ni comienzo ni fin tangibles, ni "filo" de la experiencia. Se evaporaba el camino, y no había diseños de conocimiento, no había brújula de seguridad. Yo podía sentir que se disolvían todas las facetas innumerables de mi conciencia social hasta que me quedé solo, insignificante, perdido dentro de las cualidades del espacio. Sentí la sensación abrumadora de que este lugar, este territorio de lo desconocido brillante, era el otro mundo.

Mi viaje por México siempre me ha resultado tanto una investigación como un sueño: una selección conciente y un suceso fortuito. Cada vez que vuelvo a esta atmósfera de experiencias cercanas, me encuentro con el mismo contraste constante: la soledad y la comunión. En cada esquina se yuxtaponen lo verdadero y lo visceral con lo hermoso o lo sublime. Al editar este libro he escogido las imágenes que enuncian este aspecto dual de la realidad.

Introduction

In the summer of 1969, I filtered through the midnight heat of Nogales into the vast bowl of the Sonora desert. Mexico in July is electric, hallucinatory, vibrating, and stark. It was difficult to keep the road in perspective. There was no boundary, no tangible beginning or end, no "edge" on experience. The road was evaporating, and there were no diagrams of knowledge, no compass of safety. I could feel the myriad devices of my social awareness dissolving until I was alone, insignificant, lost in the properties of space. I had the overwhelming sensation that this place, this territory of sparkling unknowns, was the other world.

My journey into Mexico has always been both an enquiry and a dream: a conscious choice and a chance occurrence. Each time I return to this climate of immediate experience, I am faced by the same sharp contrast: solitude against communion. And at each corner, the raw and the visceral are juxtaposed upon the beautiful or the sublime. In editing this book I have selected those images which articulate this dual nature of reality.

Prólogo por Michael Bradley

I

Nuestras voces son ramitas quebrándose
contra el viento del desierto.
Nuestros ojos arden
por tantas estrellas

Dice Martínez que ya no oye más su vaca.
— La noche lo traga todo.

— Tú y yo siempre estamos en el medio.
Nunca estamos en ninguna parte.
¡Mira hacia atrás!
¿Dónde están nuestras huellas?
¿Dónde está nuestra vida?
Tú y yo tenemos las manos pequeñas . . .
es tan poco lo que podemos asir.

— Dice Ramón que sus manos son enormes . . .
¡bastante grandes para dos mujeres en Santa Ana!

— ¡Ramón es soñador!

— Sus pensamientos son torbellinos,
remolinos retorciéndose en la nada.
Adelante, ¡trata de asir uno!
Tú desaparecerás.

II

— Somos arena.
Nuestros comienzos son estos mismos médanos
entrecruzándose
hacia el infinito.
Piensa Manuel que ha "llegado a la meta" en la ciudad.
Le digo que sólo es arena.

— Este desierto es nuestro hogar.
¿Qué sabemos de las hermosas de Sinaloa?
Es nuestro hogar Sonora.
Tienen hambre las mujeres de aquí.

Dice Martínez que ya no oye más su vaca.
— La noche es una boca abierta.

III

— Tú y yo,
somos como plantas
en el suelo del desierto.
Arriba, tu pico se está afilando,
mi pelaje se espesa.
Abajo, rebuscan nuestras raíces
la misma agua.

IV

— Anoche oí cantar a mi María.
Su voz era tan dulce y triste.
— Papá, me cantó   — ¿dónde está mi muñequita?
Mi mujer me dice que yo estaba soñando.

V

— No hay nadie que toque como Murillo.
¿Quién más puede hacernos olvidar el calor?

— Cuando toca Murillo, la noche no es más que risa suave.

— Aún los insectos se callan.

— ¡Ay, Murillo! Cuando toca Murillo,
cantamos: ¡la música misma se toca!

VI

— ¿Que importa esto?
Tú dices que todo se puede medir.
Te digo que no poseemos nada . . .
ni siquiera es de nosotros la risa.

— Pero Murillo, ¡hombre! *es de nosotros* Murillo

— A nadie pertenece Murillo.

VII

— El esposo de mi hermana, Eduardo . . .
es un tipo loco.
Toma demasiado tequila
y corre desnudo por los campos . . .
gritando en la lluvia.
Espanta a los niños.
Los demás no hacen nada.
Solamente se ríen . . .
— ¡Bueno!, dicen — ¡bueno!
¡Un día, Eduardo tomará demasiado!
Tal vez mi hermana vuelva a casa, en Sonora
donde debe estar.

VIII

— Dice Martínez que es una boca la noche.
— La noche traga mi vaca.

IX

Dice Martínez que es una boca la noche . . .
ha vivido aquí siempre.
Aquí, en la arena cerca de las montañas,
su mujer y sus hijos están enterrados.

— Dice Martínez que es una boca la noche.
Más allá . . . en las tinieblas,
se le muere su vaca.
Cuando vuelva . . .
sus lágrimas estarán secas . . .
como la arena . . .
sus lamentos
como la arena, sólo un susurro.

Dice Martínez que es una boca la noche.
Ha vivido aquí siempre.
Pregúntale qué ama,
te dirá: — ¡el desierto!
Pregúntale qué es él,
te dirá que es arena.

X

— Tú y yo, amigo,
somos lo mismo.
Siempre estamos en el medio.
Somos como las estrellas . . .
puntos brillantes
al filo de lo oscuro.

— Dice Ramón que ve su vida en las estrellas.

— Es soñador Ramón.

— Su vida está aquí . . .
¡en el desierto!

Prologue by Michael Bradley

I

Our voices are twigs cracking
against the desert wind.
Our eyes are burning
from so many stars:

Martinez says he can no longer hear his cow,
"The night swallows everything."
"You and I are always in between.
We are always nowhere.
Look back!
Where are our footsteps?
Where is our life?
You and I have tiny hands . . .
we can only hold so much."

"Ramon says his hands are enormous . . .
big enough for two women in Santa Ana!"

"Ramon is a dreamer!"

"His thoughts are torbellinos,
remolinos *twisting into nothingness.*
Go ahead, try to hold one!
You will disappear."

II

"We are the sand.
 Our beginnings are these same dunes
 running into each other
 and infinity.
 Manuel thinks he has arrived in the city.
 I tell him he is only sand."

"This desert is our home.
 What do we know of the beautiful girls in Sinaloa?
 Sonora is our home.
 The women here are hungry."

 Martinez says he can no longer hear his cow,
"La noche es una boca abierta."

III

"You and I,
 we are like plants
 on the desert floor.
 Above, your beak is sharpening,
 my fur thickens.
 Below, our roots are searching
 for the same water."

IV

"Last night I heard my Maria singing.
 Her voice was so sweet and sad.
 'Papa,' she sang, 'where is my muñequita?'
 My wife says I was only dreaming."

V

"No one plays so well as Murillo!
 Who else can make us forget the heat?"

"When Murillo plays, the night is only soft laughter."

"Even the insects hush up!"

"Ah, Murillo! When Murillo plays,
 we sing: It plays itself!"

VI

"What do these things matter?
 You say everything can be measured.
 I tell you we possess nothing . . .
 not even our laughter belongs to us."

"But Murillo, hombre, *Murillo* belongs *to us."*

"Murillo belongs to no one!"

VII

"My sister's husband, Eduardo . . .
 he is a madman.
 He drinks too much tequila
 and runs naked through the fields
 screaming in the rain!
 It terrifies the children.
 The other men will do nothing.
 They just laugh . . .
 'Bueno!' *they say,* 'Bueno!'
 One day Eduardo will drink too much!
 Maybe then my sister will come home to Sonora
 where she belongs."

VIII

Martinez says he can no longer hear his cow,
"¡La noche traga mi vaca!"

IX

"Martinez says the night is a mouth . . .
he has lived here forever.
Here, in the sand by the mountains,
his wife and children are buried."

"Martinez says the night is a mouth.
Out there . . . in the darkness,
his cow is dying.
When he returns . . .
his tears will be dry . . .
like the sand . . .
his crying,
like the sand, only a whisper."

"Martinez says the night is a mouth.
He has lived here forever.
Ask him what he loves,
he will tell you: 'The desert!'
Ask him what he is.
He will tell you he is sand."

X

"You and I, friend,
  we are the same.
  We are always in between.
  We are like the stars . . .
  bright points
  at the edge of a dark place."

"Ramon says he sees his life in the stars."

"Ramon is a dreamer!"

"His life is here . . .
  in the desert!"

For this new day
We give you thanks,
Omnipotent God,
Lord of Creation.
Your divine mercy
has brought us forth
from the fearful night
to the clear light of day.
The world's great stage
is filled with your glory,
and all that exists
is the work of your hand.

from Himno al Levantarse

23

En este nuevo día
gracias te tributamos,
o Dios Omnipotente,
Señor de lo creado.
Tu Divina Clemencia
se ha dignado sacarnos
del horror de la noche
a la luz del sol claro.
Lleno está de tu gloria
todo el vasto teatro
del mundo, y cuanto existe
es obra de tu mano.

de *Himno al Levantarse*

28

aquí   en este crepúsculo rasgado
a un lado del camino
perdido dentro de su propia tristeza
el tiempo se consume abrasándose
vuela como un fantasma
fuera de sí mismo
estalla   haciédose miles de partículas
de luz cegadora
es algo que duerme
dentro de sí mismo
que asciende   y vuela resplandeciente
hacia el filo de la existencia

                        m. b.

here   on this scraped twilight
at the side of the road
lost in its own sadness
time burns up
flies like a ghost
outside of itself
bursts   into a thousand particles
of blinding light
is a thing sleeping
inside of itself
which rises up   and flies sparkling
into the edge of existence

                        m. b.

32

33

Two separate roads
are your life and mine —
One leads to oblivion,
the other to sorrow.

from a Mexican popular song

34

Dos caminos distintos
son tu vida y la mia —
Una lleva al olvido;
otro lleva al dolor

de una canción popular

36

37

38

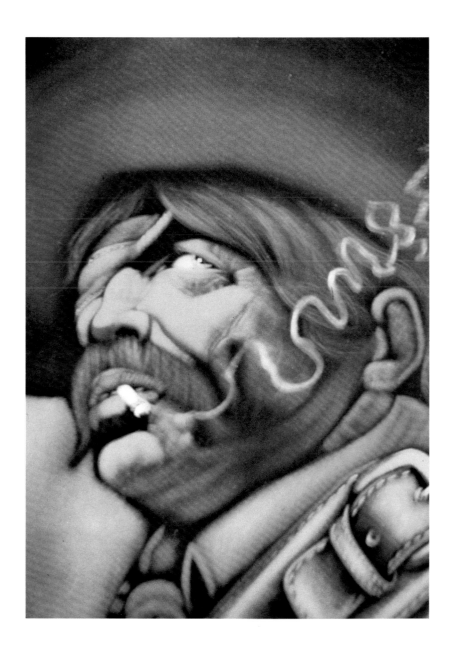

We don't say what we're thinking.
For some time now we haven't felt
like talking. Because of the heat.
Somewhere else we'd talk with
pleasure, but here it's difficult.
You talk here and the words get hot
in your mouth with the heat from
outside, and they dry up on your
tongue until they take your breath
away.

from The Burning Plain
by Juan Rulfo

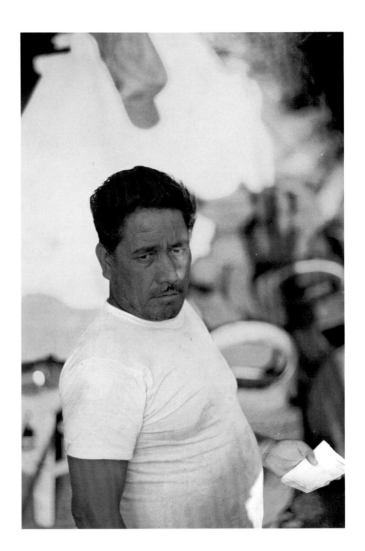

No decimos lo que pensamos. Hace ya tiempo que se nos acabaron las ganas de hablar. Se nos acabaron con el calor. Uno platicaría muy a gusto en otra parte, pero aquí cuesta trabajo. Uno platica aquí y las palabras se calientan en la boca con el calor de afuera, y se le resecan a uno en la lengua hasta que acaban con el resuello.

de *El llano en llamas*
por Juan Rulfo

41

TESTIMONIO A LA
VIRGEN SANTISIMA
DE GUADALUPE POR
EL MILAGRO QUE ME HIZO DE
SALIR CON BIEN DE UNA OPRSACION
EN LA MATRIZ Y APENDICECTOMIA PROFILACT.
ENCONTRANDOME EN CABAL SALUD
DOY GRASIAS
ELODIA GARCIA FLORES.
JULIO DE 1957

en Tomatlán
el calor de la tarde
es una comida de doce platos
los chiles rellenos

se convierten en ranas
rellenas de dinero norteamericano
sonriendo como madonas locas

m. b.

Tan feo nació su hijo que SE DESMAYO LA MADRE AL VERLO

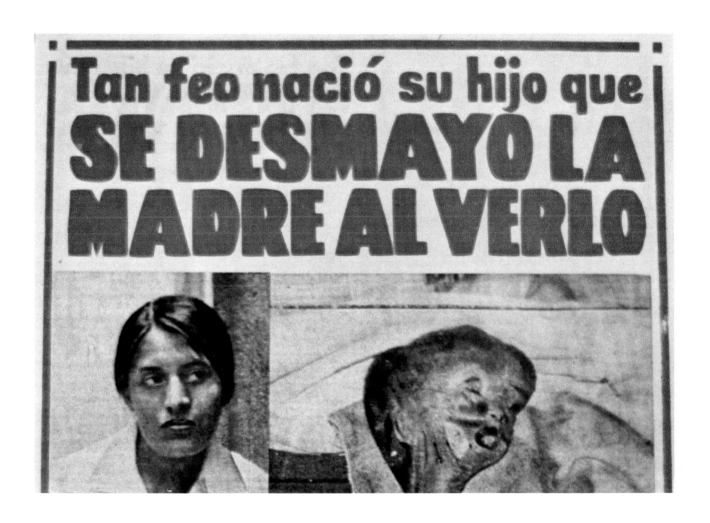

47

48

49

en este cuarto rojo
una mujer
es colectora
están sudando las mesas
recuerdos
están empapadas las paredes
en este calor
rojo
es un asilo
y un sílabo
un conductor
por el cual
se recogen chispeando
los circuitos eléctricos de la noche

m. b.

TODOS LOS TAMAÑOS

in this red room
a woman
is a collector
the tables are sweating
memories
the walls are dripping
in this heat
red
is an asylum
and a syllabus:
a conductor
through which
the night's circuitry
is gathered
crackling.

m. b.

54

55

A woman who loves two
Is wiser than most.
If one candle goes out,
The other's not lost.

from a Mexican popular song

La mujer que quiere a dos
es discreta y entendida.
si una vela se le apaga
la otra le queda encendida.

    de una copla popular

Déme un cigarro y una cerveza;
los necesito para olvidar,
sirve que al humo le echo la culpa,
de que por ella me vean llorar
para curar de mi dolor
otra cerveza y sigue el relajo.
Voy a mandarla mucho al . . .
y necesito darme valor,
en este mundo todas son penas,
que sólo el vicio puede aliviar.
Siempre hay muchos machos,
y buenas hembras,
que sólo sirven para engañar;
otro cigarro y otra cerveza
menos amarga que mi dolor,
voy a mandarla, pa' la tristeza,
que le aproveche su nuevo amor.

                    de una copla popular

Another smoke and another beer
— I need them both to forget.
I can always blame the smoke
if they happen to see me cry.
Another beer to wash away my sorrow
. . . to Hell with it!
I'm going to send her packing to the . . .
and I need to get up some courage.
There's nothing but pain in this world
and only vice can relieve it!
There are always plenty of studs
and pretty mares,
who only live to deceive . . .
Another butt and another beer,
none so bitter as my sorrow,
I'm going to pack her off to misery
and let her new love enjoy.

from a Mexican popular song

Not to be hooked on life,
I live in continual stupor —
No weeping for vanished dreams,
No evil invades my torpor.

from a Mexican popular song

Para no darme cuenta de la vida
yo vivo en un constante aturdimiento;
así no lloro la ilusión perdida.
así no sufro el mal del pensamiento.

de una copla popular

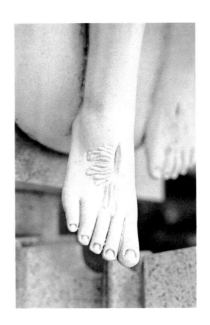

Soñar, soñar la noche, la calle, la escalera
y el grito de la estatua desdoblando la esquina.

Correr hacia la estatua y encontrar sólo el grito,
querer tocar el grito y sólo hallar el eco,
querer asir el eco y encontrar sólo el muro
y correr hacia el muro y tocar un espejo.

de "Nocturno de la estatua"
por Xavier Villaurrutia

To dream, to dream night, the street, the stair
and the cry of the statue rounding the corner

To run toward the statue and find only the cry,
try to touch the cry and find only the echo,
seize at the echo and find only the wall,
run toward the wall and touch only a mirror.

from "Nocturno de la estatua"
by Xavier Villaurrutia

driven off the road
at Tequila
by a mirage.
by a woman whose eyes
are deep dark water;
blown up
against an empty wall
like a dry leaf,
clattering into the shadows,
hidden
in a well of bottles
from a hundred
and eighty degrees of sun
and the drinks
this woman pours
turn the heat into a masquerade

m. b.

75

76

alejado del camino
en Tequila
por un espejismo
por una mujer cuyos ojos
son oscura y honda agua
estallido
contra una pared vacía
como una hoja seca
traqueteando en las sombras
escondido
en un pozo de botellas
de ciento
ochenta grados de sol
y las bebidas
que prepara esta mujer
convierten en una mascarada el calor

m. b.

in Tomatlán
the afternoon heat
is a twelve course meal
the rellenos
turn into frogs
stuffed with american money
grinning like mad madonnas

m. b.

80

This vast nocturnal stage
this strange opening
with its rings of fire
its auras
and invitations,
secludes me.
I'm lost
suspended
in a ceremony of light
dangling in space
like a membrane.

                              m. b.

Esta escena vasta y nocturna
esta brecha ajena
con sus anillos ardientes
sus auras
e invitaciones
me encierra.
Estoy perdido
suspendido
en una ceremonia de luz
pendido en el espacio
como una membrana.

                              m. b.

82

an herb salesman
in a dry place
said plants are medicine
he said that there are plants
which feed themselves on air
plants covered with fur
plants which jump great chasms
cross deserts
climb the bleeding faces of cliffs
intercontinental
monumental
herbs, powders, and dust
plants which can chew
flies, fingers, whole bodies
into syrup
there are plants
he said
which have soft pink skin
plants which are beaks
sharpened
"these leaves,"
he said,
"can cure
a man of consumption;
these berries are the dreams
which put a man to sleep
forever."

                                        m. b.

84

un vendedor de hierbas
en un lugar seco
dijo que las plantas son medicina
dijo que hay plantas
que se alimentan del aire
plantas cubiertas de pelaje
plantas que saltan grandes abismos
atraviesan desiertos
trepan las laderas sangrientas de las peñas
intercontinentales
monumentales
hierbas polvos
plantas que pueden masticar
moscas dedos cuerpos enteros
y hacerlos jarabe
hay plantas
dijo
que tienen la piel suave y rosada
plantas que son picos
afilados
— estas hojas
dijo él
— pueden curar a un hombre su tisis
estas bayas son los sueños
que hacen dormir a un hombre
para siempre.

m. b.

85

esta cosa
este vacío al costado del camino
desgarra y rasga el carro.
me estoy debilitando

m. b.

this thing
this emptiness at the side of the road
claws and scratches at the car.
I'm weakening.

                    m. b.

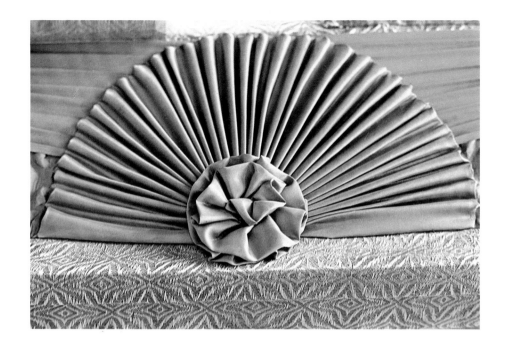

Oía su voz, su propia voz, saliendo despacio de su boca. La sentía sonar como una cosa falsa y sin sentido.

de *El llano en llamas* por Juan Rulfo

He could hear his own voice, slowly coming from his mouth. He could
feel its sound, a false thing that made no sense.

from The Burning Plain *by Juan Rulfo*

92

Canek said:
Things neither come nor go. Things don't move. It is we who go to them.
Only the spirit travels. Memory is not an eye that returns to the past;
it is rather the power that allows us to see what is, in its essence,
outside of time . . . .

from Canek, by Ermilio Abreu Gomez

Canek dijo:

— Las cosas no vienen ni van. Las cosas no se mueven. Somos nosotros los que vamos a ellas. Sólo el espiritu camina. La memoria no es ojo que se vuelve al pasado; es más bien la fuerza que nos permite ver lo que es, en su esencia, fuera del tiempo.

de *Canek*, por Ermilio Abreu Gomez

*The structure for this book was conceived by Michael Bradley.
Frederick Mitchell and Richard Schuettge served as editorial and design
consultants. Holbrook Teter at Spring Creek set the type in Aldus with
Palatino heads. Georgia George and Larry Phelps accomplished the
primary production detail. Wolf Schaefer performed the press work
on Consolidated Dorado Dull. Color separations were made by
Scalacromo in Milan and handled by Fern Field at Colorline Inter-
national. The Cardoza James bindery delivered the first edition during
the month of April 1975.*